Timi 1

PORTUGUÊS LÍNGUA ESTRANGEIRA / PORTUGUÊS LÍNGUA SEGUNDA

Isabel Borges
Martina Tirone
Teresa Gôja

Ilustrações: Liliana Lourenço

Lidel – Edições Técnicas, Lda.

EDIÇÃO E DISTRIBUIÇÃO
Lidel – Edições Técnicas, Lda
Rua D. Estefânia, 183, r/c Dto – 1049-057 Lisboa
Tel: +351 213 511 448
lidel@lidel.pt
Projetos de edição: editec@lidel.pt
www.lidel.pt

LIVRARIA
Av. Praia da Vitória, 14 A – 1000-247 Lisboa
Tel: +351 213 511 448
livraria@lidel.pt

Copyright © 2014, Lidel – Edições Técnicas, Lda.
ISBN edição impressa: 978-989-752-095-2
1.ª edição: julho 2008
2.ª edição atualizada impressa: julho 2014
Reimpressão de julho 2016

Paginação e conceção de layout: Elisabete Nunes
Impressão e acabamento: Cafilesa - Soluções Gráficas, Lda. - Venda do Pinheiro
Dep. Legal: n.º 378962/14

Capa: Elisabete Nunes
lustrações: Liliana Lourenço

CD
Autoria das músicas: Eurico Machado
Autoria das letras: Luciana Ribeiro
Autoria dos textos: Isabel Borges, Martina Tirone e Teresa Gôja
Vozes: Luciana Ribeiro, Tiago Retrê e André Soares
Músico: Eurico Machado e Gonçalo Dionísio
Execução Técnica: Eurico Machado
Duplicação: MPO (Portugal) Lda.

Todos os nossos livros passam por um rigoroso controlo de qualidade, no entanto aconselhamos a consulta periódica do nosso *site* (www.lidel.pt) para fazer o *downlc*
de eventuais correções.

Não nos responsabilizamos por desatualizações das hiperligações presentes nesta obra, que foram verificadas à data de edição da mesma.

Os nomes comerciais referenciados neste livro têm patente registada.

APRESENTAÇÃO

TIMI 1 destina-se a crianças alfabetizadas que iniciam a aprendizagem do Português como língua estrangeira ou segunda.

Neste volume, em que é dado um papel de relevo à ilustração, é proposta uma variedade de atividades baseadas no dia a dia da criança, estimulando a comunicação.

As autoras

PREFÁCIO

Os mais pequeninos estão de parabéns porque a *TIMI* quer brincar com eles em Português! Ora escondendo-se para se mostrar... ora pensando para provocar... ora misturando-se para brincar...

A aprendizagem é feita de pequenas descobertas e a *TIMI* está aqui para ajudar!

Helena Bárbara Marques Dias

Símbolos da Timi

ler

pintar

escrever

ouvir CD

falar

unir

contar

lançar o dado

tomar notas

cantar

memorizar

ligar

jogar

assinalar

descobrir

ordenar

colar

recortar

Índice

1

a escola
a janela
o Ben
a Li
o Nélio
a Xana
a Timi
a máquina fotográfica
o professor

Olá! Eu sou a Timi!

Agora Eu!

Eu chamo-me
Isaac
e tenho _4_
anos.

A minha
turma.

③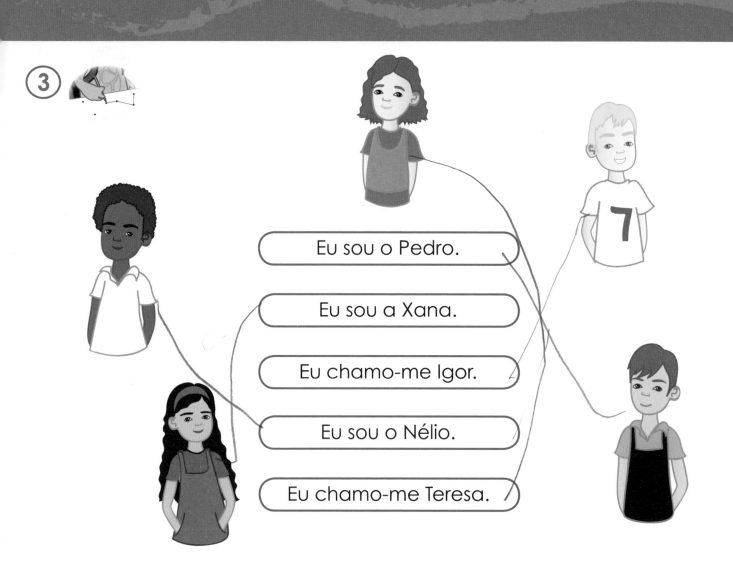

Eu sou o Pedro.

Eu sou a Xana.

Eu chamo-me Igor.

Eu sou o Nélio.

Eu chamo-me Teresa.

④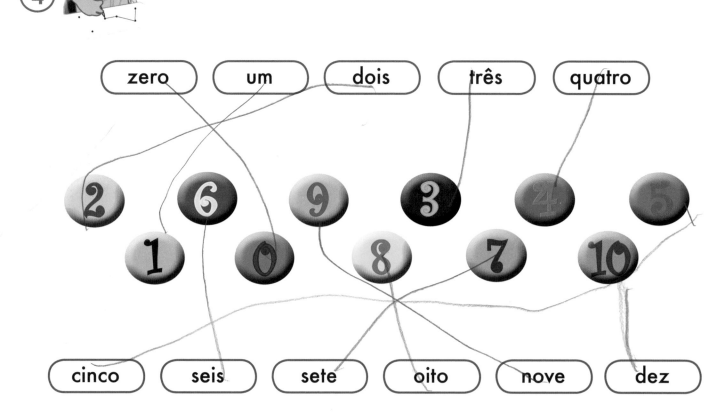

zero · um · dois · três · quatro

cinco · seis · sete · oito · nove · dez

3

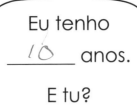

Eu tenho ___10___ anos.

E tu?

Eu tenho ___11___ anos.

E tu? Quantos anos tens?

Eu tenho ___9___ anos.

Bom dia!

Boa tarde!

Boa noite!

6

 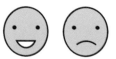

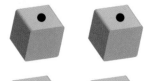 = dois

 = _____

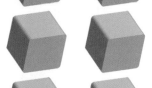 = _____

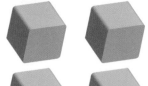 = _____

 = _____

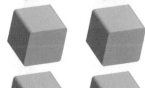 = _____

 = _____

 = _____

 = _____

 = _____

 = _____

Total = ⬭

(7)

Quem é?

Quem é?
É a _timi_ .

Quem é?
É a _carmen_ .

Quem é?
É o _Nélio_ .

Quem é?
É o _pedro_ .

Quem é?
É a _Xand_ .

Quem é?
É o _igor_ .

Quem é?
É o _ben_ .

Quem é?
É a _Teresa_ .

Quem é?
É a _li_ .

Bom dia!
Tudo bem?

Olá, como te chamas?

Eu chamo-me Nélio.
E tu?

Eu sou a Teresa.
Quantos anos tens?

Eu tenho 7 anos.
E tu?

Eu também.

Agora Eu!

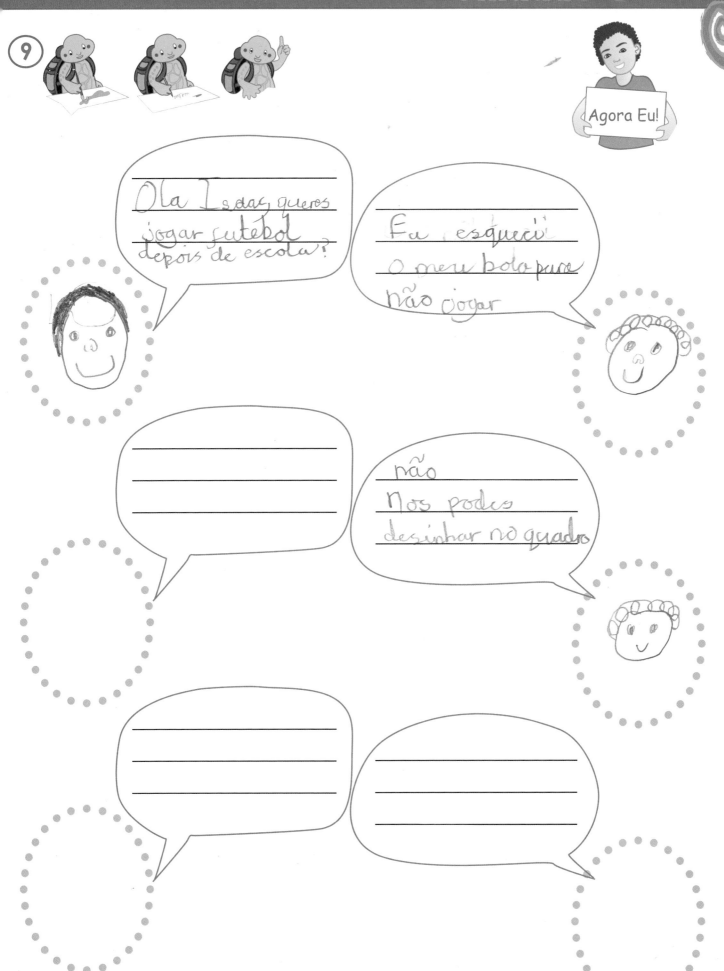

⑩

Não, não sou.
Eu sou a Rita.
E tu, és o Paulo?

Sim, sou.
Não, não sou.

Não, não sou.
Eu sou o Luís.
E tu, és a Luísa?

Eu sou a Ana.
Tu és a Luísa?

Sim, eu sou a Luísa.
E tu, és o Paulo?

Sim, eu sou o Paulo.

2x1=2
2x1=2
2x1=2

⑪

4

1, 2, 3, 4, um buraco no sapato,

5, 6, 7, aqui está o teu babete,

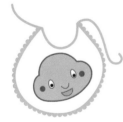

8, 9 e 10 vou lavar os pés.

5

VAMOS CANTAR

TIMI

– Olá! Tudo bem?
– Bom dia! Como te chamas?
– Eu chamo-me Timi. E tu?
– Eu sou o Nélio.

Um, dois, três, quatro,
Um buraco no sapato.
Cinco, seis e sete,
Aqui está o teu babete.
Oito, nove e dez,
Vou lavar os pés.

2x1=2
2x1=2
2x1=2

Olá!

Tudo bem?

Bom dia!

Boa tarde!

Boa noite!

Como te chamas?

Eu chamo-me Timi.

A minha turma.

Quantos anos tens?

Eu tenho 7 anos. E tu?

Eu também.

Quem é?

É a Timi.

Tu és o Ben?

Sim, sou.

Não, não sou.

agora

o buraco

o sapato

o babete

os pés

lavar

_____ _____ _____

_____ _____ _____

_____ _____ _____

_____ _____ _____

_____ _____ _____

6

o Sol

o avô

o irmão

o pai

a mãe

a irmã

o jardim

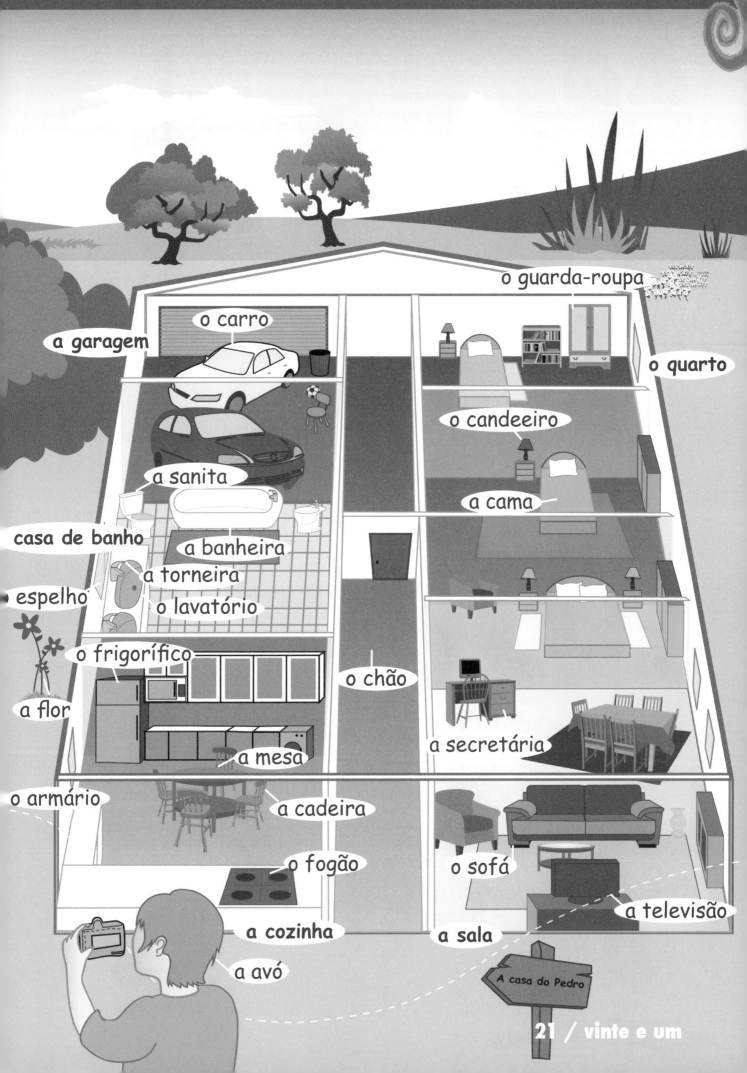

o guarda-roupa

a garagem

o carro

o quarto

o candeeiro

a sanita

a cama

casa de banho

a banheira

a torneira

espelho

o lavatório

o frigorífico

o chão

a flor

a secretária

a mesa

o armário

a cadeira

o fogão

o sofá

a televisão

a cozinha

a sala

a avó

A casa do Pedro

②

A **Ana** é a **mãe** do Pedro.

É o *urmão* do Pedro.
Chama-se *mané* e tem *4* anos.

O *Zé* é o *pai* do Pedro.

É o *avô* do Pedro e chama-se *Antonia*

É a *avó* do Pedro e chama-se *Helena* .

A *carlota* é a *irmã* do Pedro e tem
1 ano.

A minha família

Agora Eu!

Quem está em casa?

O avô está em casa...
Truz, truz, truz!
– Quem é?
– Sou eu, o Pedro, a minha irmã e o meu pai Zé.

Quem é?

Sou eu, o Pedro.

Truz, truz, truz...

Truz, truz, truz,
– Quem é?
– A minha avó, a minha mãe e o meu irmão Mané.

5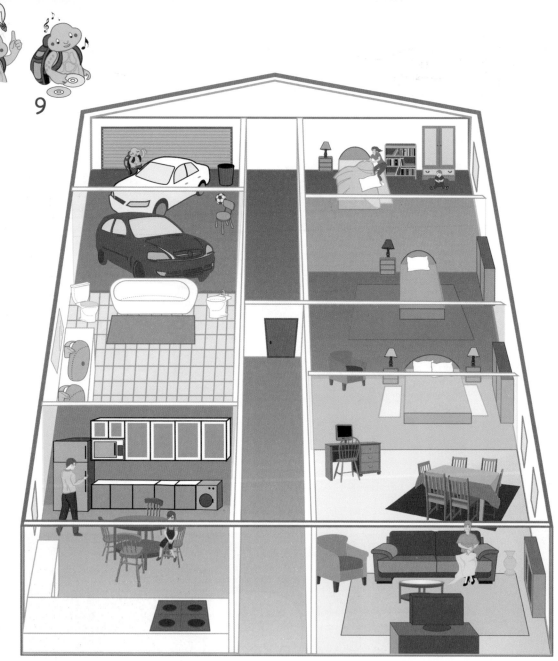

9

6

Onde está o Pedro?   Ele está na _cosinha_.

Onde está a mãe?   Ela está no _cama_.

Onde está a Timi?   Ela está na _garagem_.

Onde está o pai?   Ele está na _cosinha_.

Onde está a avó?   Ela está na _sala_.

Onde está a Carlota?   Ela está no _quarto_.

(7)

 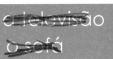 

   a cama

   frigorífico

   o fogão

   a televisão

   a cadeira

   o sofá

(8)

Onde mora o caracol,
Com chuva ou com Sol?
Mora no meu jardim,
Mesmo ao pé de mim!

(9)

E tu, onde moras?

na cidade   na aldeia   na praia   no campo

Eu moro _____ na aldeia _____.

Onde está?

 a cama

 a televisão

 o frigorífico

 o sofá

 a cadeira

 o guarda-roupa

 o fogão

 a mesa

 a secretária

⑪

três televisões

_____6_____ candeeiro

_____5_____ cadeiras

_____7_____ janelas

_____4_____ camas

_____3_____ fogões

⑫

11

o quarto

a cozinha

a garagem

a sala

a casa de banho

B	X	C	A	D	E	I	R	A	C	L	Ç	C
S	E	C	R	E	T	A	R	I	A	H	A	A
C	F	Q	M	A	A	R	E	X	D	Z	V	M
S	O	F	Á	V	B	V	T	I	E	N	V	A
O	R	T	R	R	C	O	X	B	I	Q	A	E
L	M	L	I	Ç	Ç	R	U	I	R	P	F	C
E	Z	V	O	B	M	E	N	J	A	I	O	L
Ç	P	U	T	R	E	V	B	M	U	L	G	Ç
P	Ç	I	T	T	E	L	E	V	I	S	Ã	O
Q	D	F	H	E	J	O	L	O	R	G	O	B

televisão ✓   árvore ✓   sofá ✓

secretária ✓   armário ✓   Sol ✗

cadeira ✓   fogão ✓   cama ✓

⑭

1) O 🛋 está no 🛏 .

  o lâmpada está no ~~se~~ quarto .

2) O 🛋 está na 🛋 .

  o sofá está nas sela .

3) A 🧺 está na 🛁 .

  A banheiro está na casa de barho .

4) O 🧊 está na 🍳 .

  o gegorgeuro esta na cosinha .

(15)

Onde está?

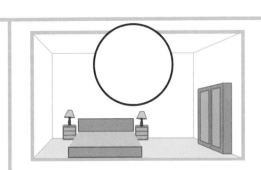 

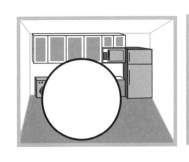  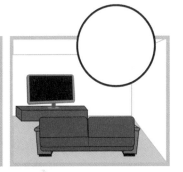 

Onde está o Ben?
O Ben está no quarto?

Não, não está.

Sim, está.

Não, não está.

A FAMÍLIA DO PEDRO

12

Na minha casa mora a minha família.
A minha mãe chama-se Ana,
O meu pai chama-se Zé,
A minha irmã é a Carlota
E o meu irmão, o Mané.

Na garagem mora a Timi,
No jardim o caracol.
Eles brincam junto à árvore,
Faça chuva ou faça Sol.

Na tua casa mora a tua família.
A tua mãe chama-se Ana,
O teu pai chama-se Zé,
A tua irmã é a Carlota
E o teu irmão, o Mané.

– Onde está o teu irmão?
– Está no quarto a brincar.

– Onde está a tua irmã?
– Está na sala a ver televisão.

– Onde estão os teus avós?
– Estão sentados no sofá.

– Onde está o teu pai?
– Na cozinha a fazer o jantar.

a minha família
o meu / a minha
Quem está em casa?
O avô está em casa.
Onde está o Pedro?
Ele está no quarto.
Onde está a mãe do Pedro?
Ela está na sala.
O Pedro está no quarto?
Sim, está.
Não, não está.
E tu, onde moras?
Na cidade.
Na praia.
Na aldeia.
No campo.
o caracol
a chuva
mora
ao pé de mim

a minha _____ _____

_____ _____ _____

_____ _____ _____

_____ _____ _____

_____ _____ _____

13

o sumo de laranja

a sopa

a carne

a fruta

as uvas

a laranja

a banana

a sandes

a maçã

a salada

o arroz

Leite

o leite

a alface

as bolachas

o queijo

os ovos

o tomate

as salsichas

os cereais
a manteiga
o frango
a água
as batatas fritas
o pudim
a piza
a massa
as cenouras
os legumes
o bolo
o pão
o peixe
o prato
o copo
a faca
a colher
o gelado
o garfo
o chá
os iogurtes
a toalha

2

Quem tem o bolo do Ben?

- ☐ A Teresa.
- ☑ A Timi.
- ☐ A mãe do Ben.

Quantos anos faz o Ben?

- ☐ Sete anos.
- ☑ Oito anos.
- ☐ Nove anos.

O que há na mesa?

- ☑ Pudim.
- ☐ Salada.
- ☐ Bolachas.

3

Em cima da mesa da cozinha há:

__oros__   __bolo__   __bolacha__

__pão__   __leite__   __copo__

(4)

massa, peixe, salsicha, arroz, iogurte, cenoura

X	F	M	A	S	S	A	S	T	N
E	Q	C	B	E	A	A	I	L	I
R	P	H	G	I	A	E	C	S	O
C	E	N	O	U	R	A	Q	C	G
T	I	U	T	P	R	M	E	S	U
E	X	V	N	N	O	Z	A	E	R
V	E	B	E	N	Z	Ç	J	E	T
E	X	V	N	N	Z	Ç	J	E	E
X	S	A	E	E	I	M	P	Ç	E
S	A	L	S	I	C	H	A	V	C

(5)

arroz   salsicha   cenoura

massa   peixe   iogurte

(6)

Eu gosto de...   Eu não gosto de...

iogurte	cenoura
massa	arroz
peixe	
salsicha	

7 15

gosta de / não gosta de

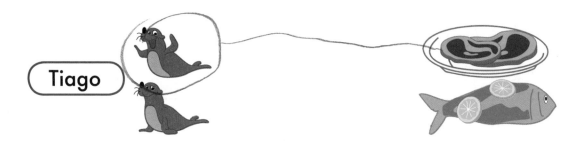

Tiago

Carolina

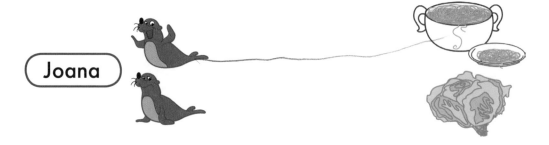

Joana

8

gosta de / não gosta de

O Tiago _____,

mas _____.

A Carolina _____,

mas _____.

A Joana _____,

mas _____.

⑨

> eu como
> tu comes
> ele come / ela come

Ele _____ a laranja.

Eu _____ a banana.

Tu _____ as uvas.

Eu _____ salada.

Tu _____ sopa.

Ele _____ salsichas.

Ela _____ pão.

⑩

o pequeno-almoço

o almoço

o lanche

o jantar

11

O Ben come _____.

A Teresa come _____.

O Pedro bebe _____.

O Igor bebe _____.

A Carmen come _____  e

_____.

12

A Li *bebe* leite.

| come |
| bebe |

A Teresa _____ pudim.

O Pedro _____ chá.

A Carmen _____ sumo.

O Ben _____ massa.

O Igor _____ gelado.

A Xana _____ iogurte.

O Nélio _____ água.

A Timi _____ relva e _____ água.

⑬ doce

salgado

⑭

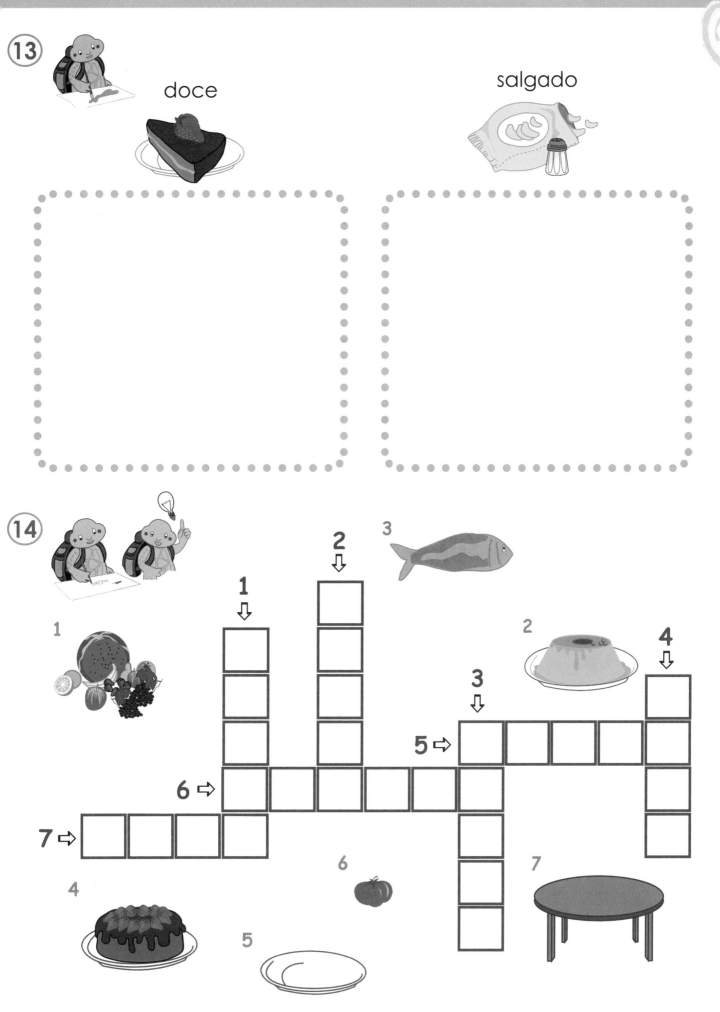

 **15**

A nossa salada de fruta

Agora Eu!

Para preparar a salada de fruta

vamos **descascar**,   vamos **cortar**   e   vamos **misturar**.

 **16**

Agora, a nossa salada de fruta.

_____   _____

_____   _____

_____

17

(18)

Quantos anos faz o Ben?

Onde

Quantos

Quem

Como

_____ bebe sumo?

_____ está o gelado?

_____ se chama o teu professor?

_____ é o amigo do Ben?

_____ está a Timi?

_____ bolos come a Timi?

(19)

A Carmen come carne.

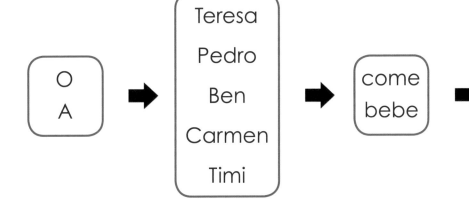

| O / A | → | Teresa Pedro Ben Carmen Timi | → | come bebe | → | água. bolo. gelado. sumo. carne. |

_____ .

_____ .

_____ .

_____ .

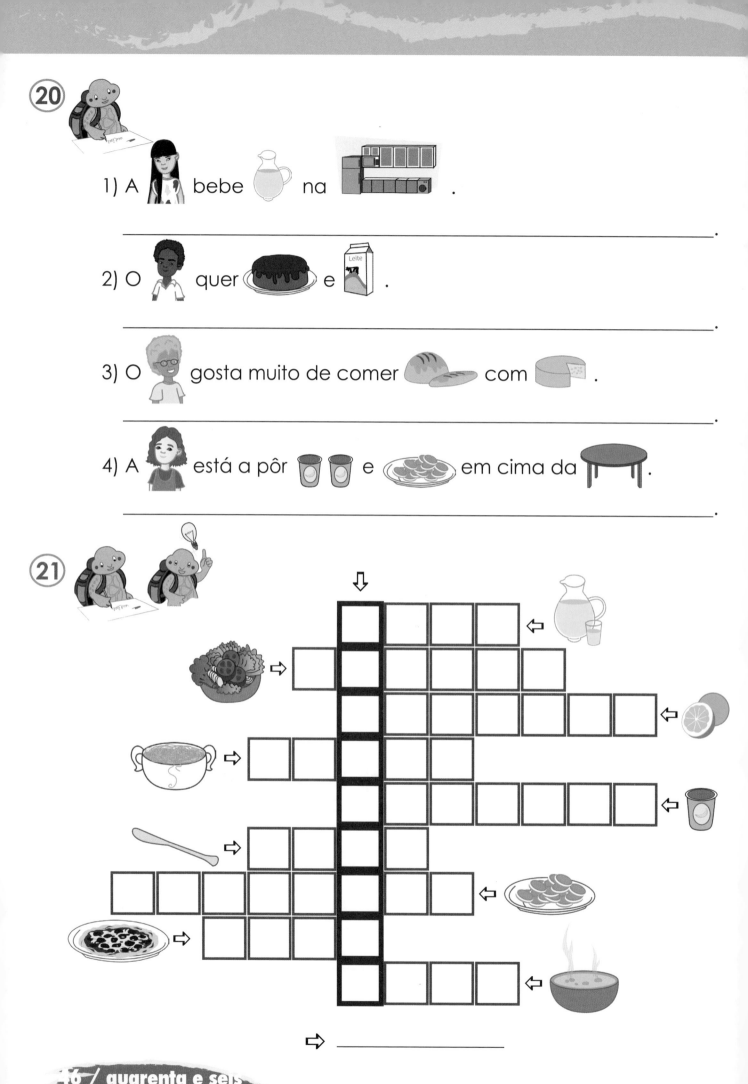

20

1) A [ ] bebe [ ] na [ ] .

_____ .

2) O [ ] quer [ ] e [ ] .

_____ .

3) O [ ] gosta muito de comer [ ] com [ ] .

_____ .

4) A [ ] está a pôr [ ] [ ] e [ ] em cima da [ ] .

_____ .

21

⇨ _____

22

Jogo das palavras

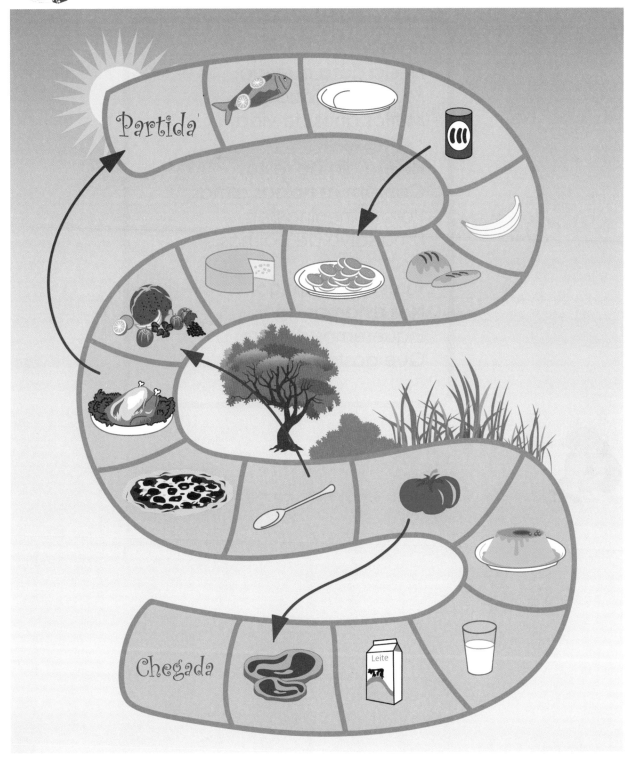

_____   _____   _____

_____   _____   _____

_____   _____   _____

16

 VAMOS CANTAR

PARABÉNS AO BEN

Parabéns a você,
Nesta data querida,
Muitas felicidades,
Muitos anos de vida.

Hoje é dia de festa,
Cantam as nossas almas.
Para o menino Ben,
Uma salva de palmas.

Tu és nosso amigo,
Nós estamos aqui.
E queremos dizer-te
Que gostamos de ti.

2x1=2
2x1=2
2x1=2

O que há na mesa?

Há pão.

Quem quer beber sumo?

Eu bebo.

Quem quer comer bolo?

Eu quero.

Eu como.

Eu gosto muito de gelado.

Eu não gosto de pudim.

Quem tem o bolo?

Quantos anos faz?

Em cima da mesa da cozinha.

eu como / tu comes / ele come / ela come

eu bebo / tu bebes / ele bebe / ela bebe

o pequeno-almoço

o almoço

o lanche

o jantar

doce / salgado

a nossa salada de fruta

descascar

cortar

misturar

_____ _____ _____

_____ _____ _____

_____ _____ _____

_____ _____ _____

_____ _____ _____

17

② A Timi tem:

◯ uma mochila amarela.

◯ uma tesoura amarela.

◯ uma caneta azul.

A Timi não tem no estojo:

◯ uma caneta.

◯ um lápis.

◯ uma tesoura.

Quem está a pintar a mesa?

◯ A Teresa.

◯ O Pedro

◯ A Timi.

③ O que tens no teu estojo?

um caderno

uma borracha

uma janela

lápis de cor

um lápis

um mapa

uma tesoura

uma régua

giz

um afia

④

o quadro	o afia	a régua	a tesoura
a janela	a borracha	o livro	o estojo

 _____   _____

 _____    _____

 _____   _____

_____   _____

⑤

A caneta é *tua*?

Sim, é *minha*.

meu / minha

teu / tua

A mochila é _____?

Não, não é minha.

O livro é teu?

Sim, é _____.

A borracha é _____?

Não, não é _____.

A tesoura é _____?

Sim, é _____.

O estojo é _____?

Não, não é _____.

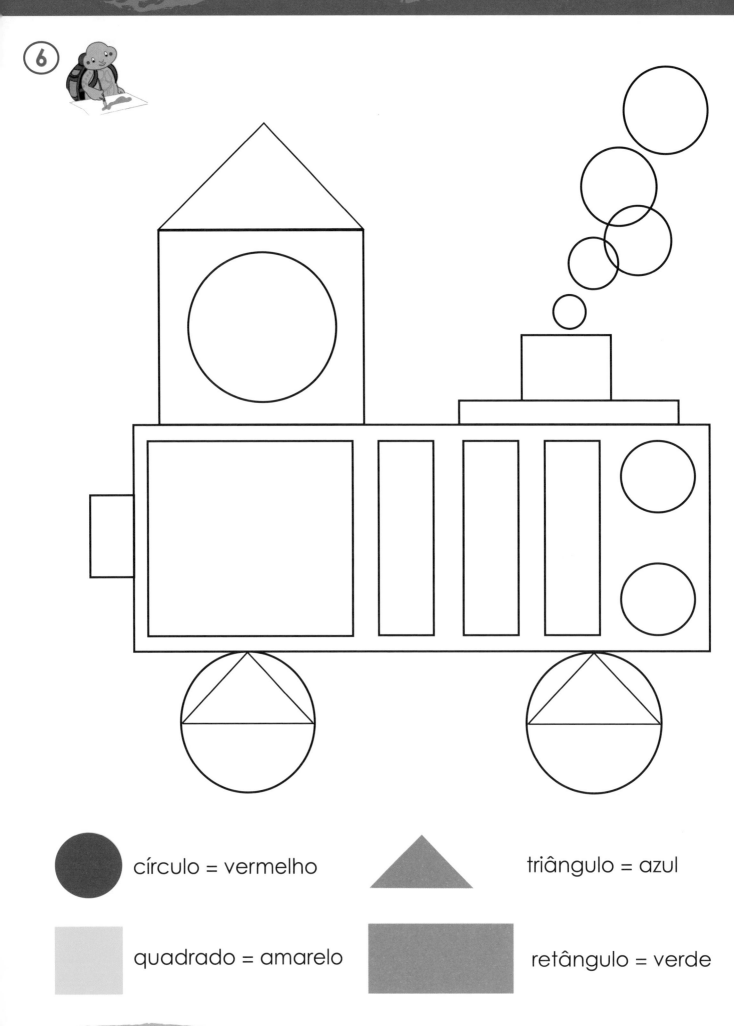

6

círculo = vermelho

triângulo = azul

quadrado = amarelo

retângulo = verde

⑦

O Pedro tem um afia azul.

A Teresa tem uma caneta vermelha.

A Xana tem uma régua azul e verde.

O Nélio tem uma borracha amarela.

⑧

Tu *pintas* uma banana.

| eu pinto |
| tu pintas |
| ele pinta / ela pinta |

Eu _____ uma flor.

Ela _____ um carro.

Tu _____ uma mochila.

Ele _____ uma árvore.

⑨

a cadeira
as cadeiras

o   os
a   as

o quadro _____

a mochila _____

a régua _____

o estojo _____

o quadrado _____

a caneta _____

a borracha _____

⑩

Quant**as** borrachas
estão na mesa?
Duas.

Quantos
Quantas

um   uma
dois   duas

Quant___ lápis estão no estojo? _____

Quant___ círculos estão no quadro?  _____

Quant___ canetas estão no estojo? _____

Quant___ réguas estão no chão?  _____

Quant___ livros estão na estante? 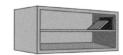 _____

(11)

O que está a Timi a fazer?

A Timi está a escrever.

_____

_____

_____

_____

_____

_____

_____

_____

_____

_____

_____

_____

⑫

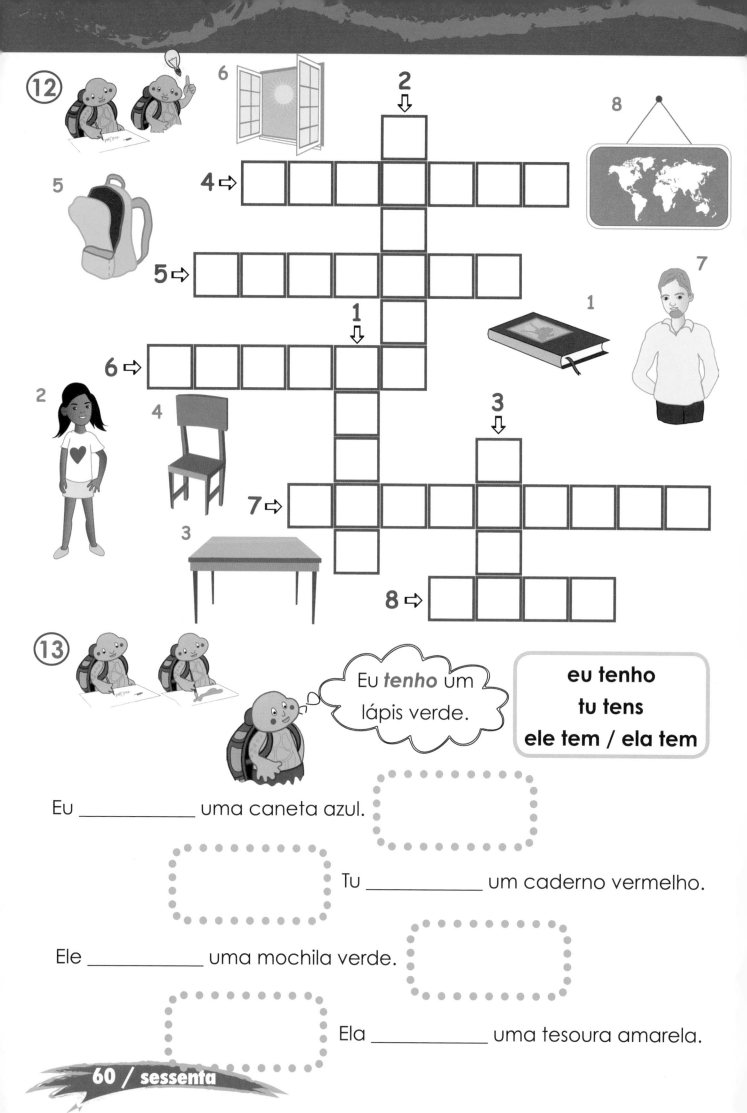

⑬

Eu *tenho* um lápis verde.

eu tenho
tu tens
ele tem / ela tem

Eu _____ uma caneta azul.

Tu _____ um caderno vermelho.

Ele _____ uma mochila verde.

Ela _____ uma tesoura amarela.

A minha escola

Agora Eu!

A minha sala tem:

Este é o meu amigo.　　　　Ele chama-se _____.

Esta é a minha amiga.　　　　Ela chama-se _____.

Este é o meu professor.　　　　Ele chama-se _____.

Esta é a minha professora.　　　　Ela chama-se _____.

16 Quem come a 🍌 _____?

É a menina que se chama Joana.

Ela tem um irmão

Que gosta muito de 🍞 _____.

E o avô no 🛋 _____

Gosta de beber chá.

A Timi, lá no jardim

Sonha com um belo 🍮 _____.

17

△ a   △ t   ☐ i   ○ m

☐ e   ○ s   △ á   ☐ c

○ o   ☐ r   ☐ p   ☐ l

△   △☐○☐   ☐○△△   △   ☐○☐△△☐   ☐△☐☐☐

_____   _____   _____   _____

⑱

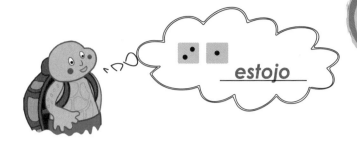

estojo

2

3

4

5

6

7

8

9

10

_____   _____   _____

_____   _____   _____

_____   _____   _____

 VAMOS CANTAR

A MOCHILA AMARELA

19

– Tenho uma mochila amarela.
– Timi, o que tens tu na mochila?
– Tenho um caderno e tenho um estojo.
E também os meus lápis de cor para pintar.

Vou pintar um retângulo de azul
E fazer um triângulo vermelho.
Na minha escola estou a aprender
A contar, a pintar e a escrever.

VAMOS RECORDAR

O que tens na mochila?
Um caderno.
Uma borracha.
A Timi tem uma mochila amarela.
A Timi não tem uma régua.
A caneta é tua?
Sim, é minha.
Não, não é minha.
meu / minha / teu / tua
o círculo / o triângulo / o quadrado / o retângulo
encarnado / vermelho / azul / amarelo / verde
eu pinto / tu pintas / ele pinta / ela pinta
o / a / os / as
um / uma / dois / duas
eu tenho / tu tens / ele tem / ela tem
Quantos livros estão na estante?
Quantas canetas estão no estojo?
Duas canetas.
O que está a Timi a fazer?
Está a pintar.
Este é o meu amigo.
Esta é a minha escola.
ele chama-se / ela chama-se

_____ _____ _____

_____ _____ _____

_____ _____ _____

_____ _____ _____

_____ _____ _____

Um passeio ao rio

Hoje é sexta-feira. É dia de passeio.

2

Onde estão os meninos e o professor?

◯ No rio.

◯ No parque.

◯ No lago.

Quem gosta de jogar à bola?

◯ A Teresa.

◯ O Igor.

◯ A Xana.

Quando é que o professor vai com os meninos ao rio?

◯ Na terça-feira.

◯ Na quarta-feira.

◯ Na sexta-feira.

A Timi quer jogar às escondidas?

◯ Sim.

◯ Não.

3

A Teresa gosta muito de correr.

Agora Eu!

④  A minha semana

Segunda-feira

Terça-feira

Quarta-feira

Quinta-feira

Sexta-feira

Sábado

Domingo

5

o piano
a guitarra
a bateria
o tambor
o violino

_____

_____

_____

_____

_____

6

 Eu gosto de _brincar_.

O que gostas de fazer com os teus amigos...

... na escola? Eu gosto de _____.

... no jardim? Eu gosto de _____.

... na rua? Eu gosto de _____.

... em casa? Eu gosto de _____.

... no parque? Eu gosto de _____.

... na praia? Eu gosto de _____.

dançar

cantar

brincar

nadar

saltar

ler

jogar

correr

trepar

7

E	S	C	O	N	D	I	D	A	S
X	C	O	D	I	P	R	R	U	Á
J	A	R	D	I	M	T	S	S	B
T	B	D	Z	A	A	V	F	M	A
P	R	A	I	A	Ç	N	U	O	D
L	Ç	Z	Q	V	I	O	T	X	O
T	A	M	B	O	R	Ç	E	T	T
Q	R	C	V	B	I	P	B	Ç	R
F	D	O	M	I	N	G	O	Q	C
V	M	N	H	J	I	O	L	G	H

jardim
praia
tambor
escondidas
domingo
futebol
sábado
corda

8

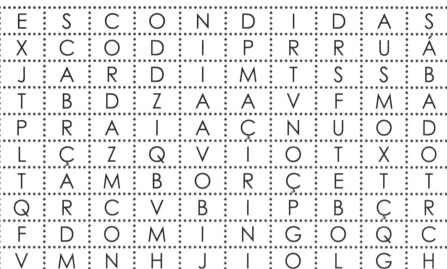

Eu **vou** ao lago.

Eu vou
Tu vais
Ele vai / Ela vai

Ela _____ à cidade.

Tu _____ à cozinha.

Ele _____ à montanha.

Eu _____ à casa de banho.

Tu _____ ao parque.

9

O Igor gosta de tocar piano.

_____

_____

_____

_____

_____

_____

_____

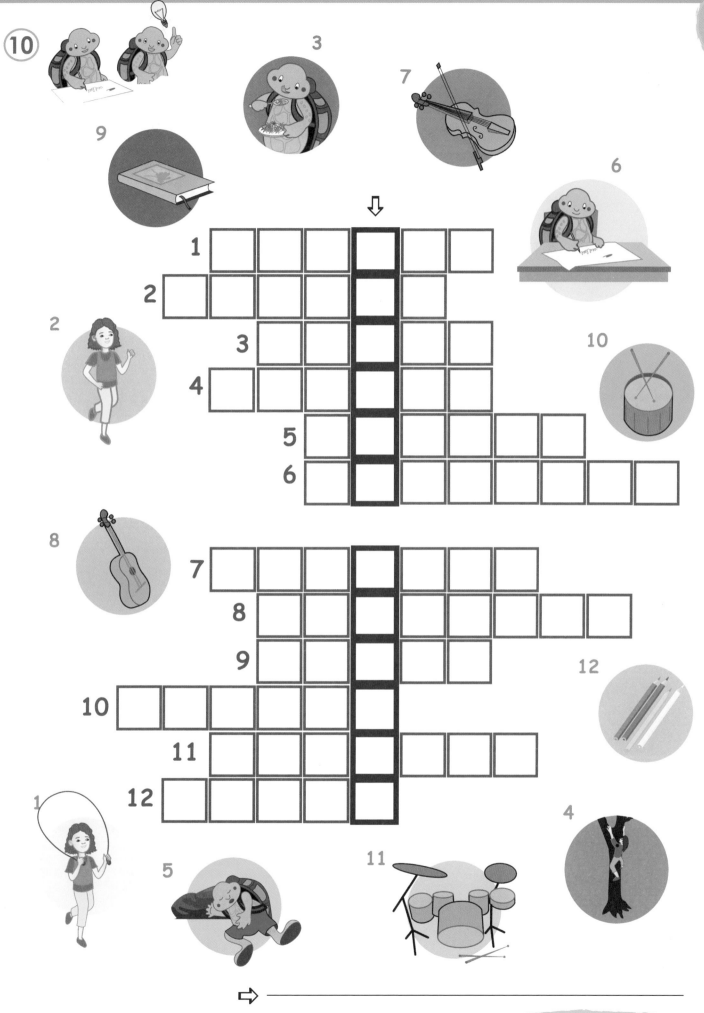

11 O que está a Timi a fazer?

A Timi está a _____.

A Timi está a _____.

A Timi está a _____.

12

A Xana está a tocar guitarra.

O Igor está a jogar bola.

A Teresa está a saltar à corda.

O Ben está a nadar no rio.

E tu? O que estás a fazer?

O que estás a fazer, Nélio?

Eu estou a _____.

Eu estou _____.

Eu _____.

O que estás a fazer, Carmen?

Eu estou a _____.

Eu estou _____.

Eu _____.

O que estás a fazer, Li?

Eu estou a _____.

Eu estou _____.

Eu _____.

14 A semana da Xana

segunda-feira
amigos

quarta-feira
irmão

quinta-feira
piano

sábado
praia

domingo
jardim

Na **segunda-feira**
a Xana
joga às escondidas
com os amigos.

15

Na _____ a Xana

_____ com o irmão.

Na _____ a Xana

_____ com o professor.

No _____ a Xana

_____ na praia.

No _____ a Xana

_____ no jardim.

(16)

1.ª 4.ª 2.ª 4.ª 2.ª

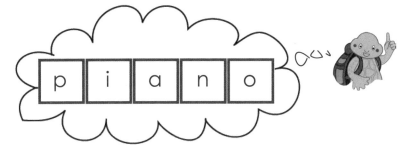

p i a n o

1.ª 3.ª 3.ª 2.ª

☐ ☐ ☐ ☐

3.ª 3.ª 3.ª 2.ª

☐ ☐ ☐ ☐

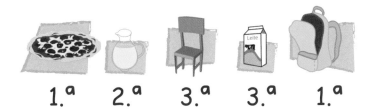

1.ª 2.ª 3.ª 3.ª 1.ª

☐ ☐ ☐ ☐ ☐

(17)

22

VAMOS CANTAR

EU GOSTO TANTO!

– Eu gosto tanto de correr e de brincar!
Vamos saltar à corda, dançar e cantar!

– Eu cá prefiro tocar guitarra
Ou tambor ou violino!

– Eu gosto tanto de correr e de brincar!
Vamos trepar às árvores, dançar, nadar!

– Eu cá prefiro jogar à bola
Ou jogar às escondidas!

– Eu gosto tanto de correr e de brincar!

2x1=2
2x1=2
2x1=2

VAMOS RECORDAR

Hoje é sexta-feira.

Quem quer jogar à bola?

Eu quero. / Eu não.

Gosto tanto de saltar!

Adoro trepar.

Eu prefiro saltar à corda.

Onde estão os meninos?

No rio.

a minha semana

segunda-feira

terça-feira

quarta-feira

quinta-feira

sexta-feira

sábado

domingo

eu vou / tu vais / ele vai / ela vai

Eu vou ao parque.

Tu vais à montanha.

O que estás a fazer?

Eu estou a jogar.

Quando é que o professor vai ao rio?

Na sexta-feira.

_____ _____ _____

_____ _____ _____

_____ _____ _____

_____ _____ _____

_____ _____ _____

23

as calças

o vestido

a saia

o casaco

em cima de

o boné

as luvas

sujo / limpo

o cachecol

o gorro

o fato de banho

ao lado de

a t-shirt

dentro de

as botas

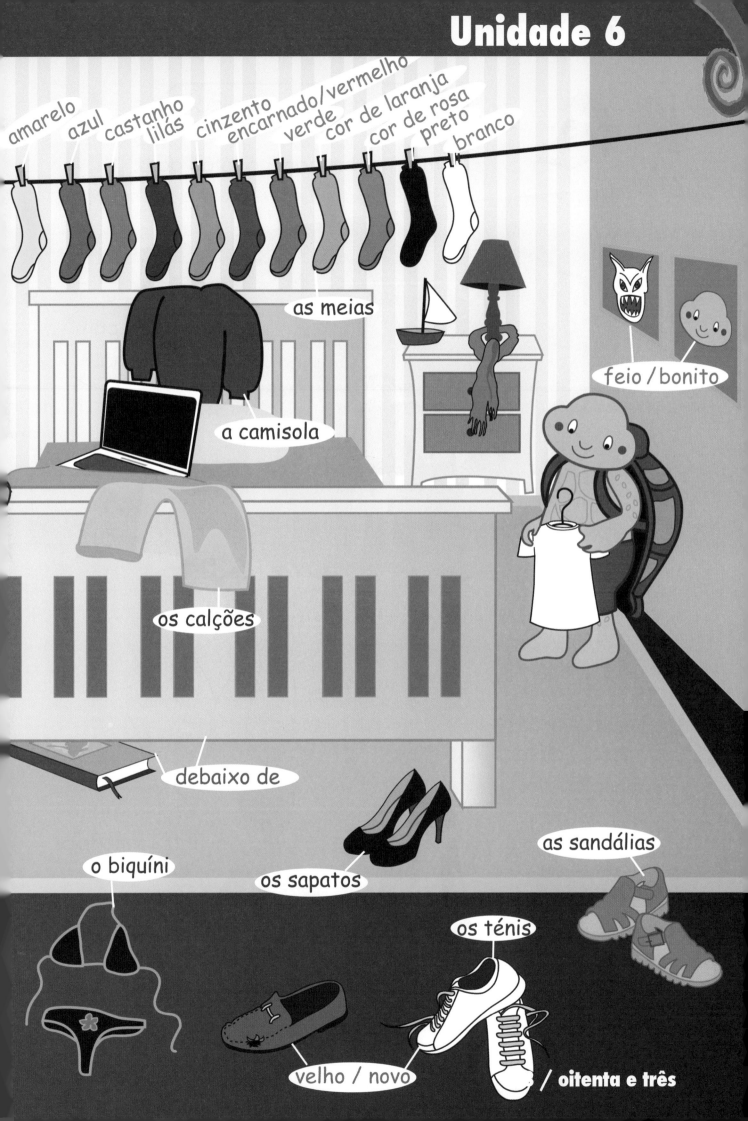

amarelo
azul
castanho
lilás
cinzento
encarnado/vermelho
verde
cor de laranja
cor de rosa
preto
branco

as meias

a camisola

feio / bonito

os calções

debaixo de

as sandálias

o biquíni

os sapatos

os ténis

velho / novo

/ oitenta e três

O armário mágico

Os meninos brincam no sótão da Li.

Um armário com roupa velha!

Esta saia cor de rosa é muito bonita!

E este casaco? Está muito sujo!

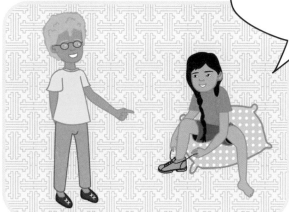

2

Assinala verdadeiro (V) ou falso (F):

◯ O armário tem roupa velha.

◯ O casaco não está sujo.

◯ A Li gosta mais do gorro azul.

◯ A Timi tem um cachecol e um boné.

Onde está a Timi?

◯ Debaixo do armário.

◯ Em cima do armário.

◯ Dentro do armário.

3

Onde brincam os meninos?

Os meninos _____.

4

A Li tem uma camisola verde, uns calções castanhos e umas botas pretas.

⑤

BINGO

6

A Li tem uma _____ vermelha.

O Ben tem umas _____ azuis.

O Nélio tem uns _____ cinzentos.

7

8

4

2

2

1

4 ⇨

5 ⇨

3

7

6 ⇨

3

7 ⇨

1

5

3 ⇨

6

8 ⇨

⑧ O que vou vestir amanhã

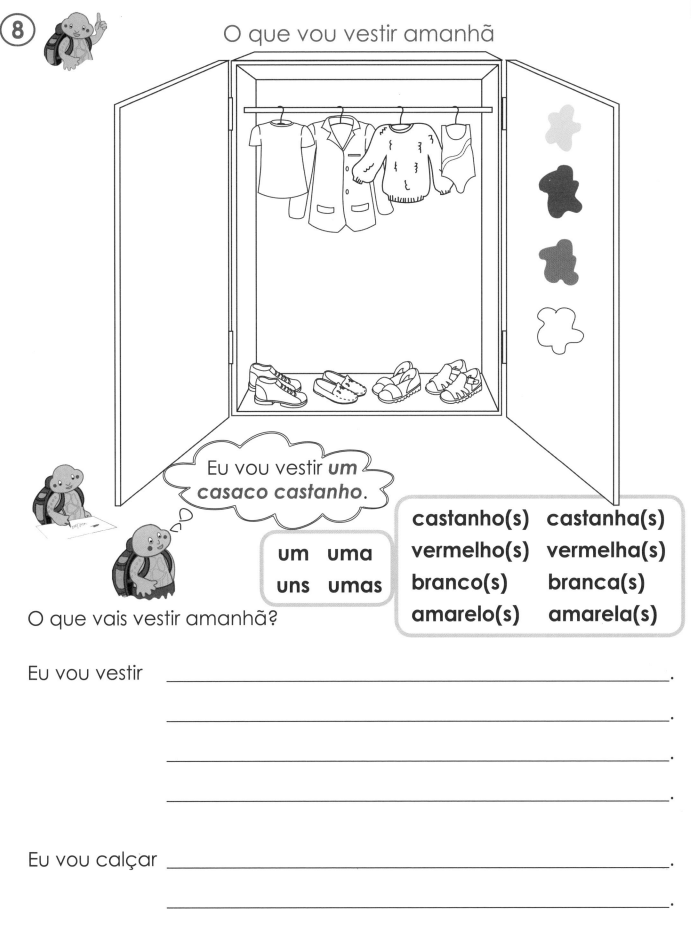

Eu vou vestir **um casaco castanho**.

um	uma
uns	umas

castanho(s)	castanha(s)
vermelho(s)	vermelha(s)
branco(s)	branca(s)
amarelo(s)	amarela(s)

O que vais vestir amanhã?

Eu vou vestir _____.

_____.

_____.

_____.

Eu vou calçar _____.

_____.

_____.

_____.

9 Onde está a Timi?

| debaixo de | ao lado de |
| em cima de | dentro de |

A Timi está _____ _____

_____. _____.

_____ _____

_____. _____.

10

2x1=2
2x1=2
2x1=2

25   Visto uma saia da minha mãe.

Ai, fico tão bem!

Calço umas botas do meu avô.

Que lindo que eu estou!

Visto uma camisola amarela.

Que menina tão bela!

(11)

A minha roupa

Eu gosto de vestir _____

_____ .

No verão

No inverno

Onde está? Onde estão?

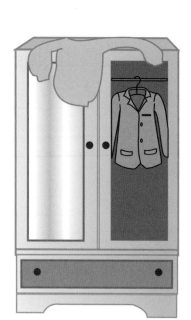

13

Quem sou eu?

Visto *uma t-shirt branca, um vestido cor de rosa e calço sapatos verdes*.

És o número *cinco*.

Visto _____ És o número

_____. _____.

Visto _____ És o número

_____. _____.

Visto _____ És o número

_____. _____.

Visto _____ És o número

_____. _____.

Visto _____ És o número

_____. _____.

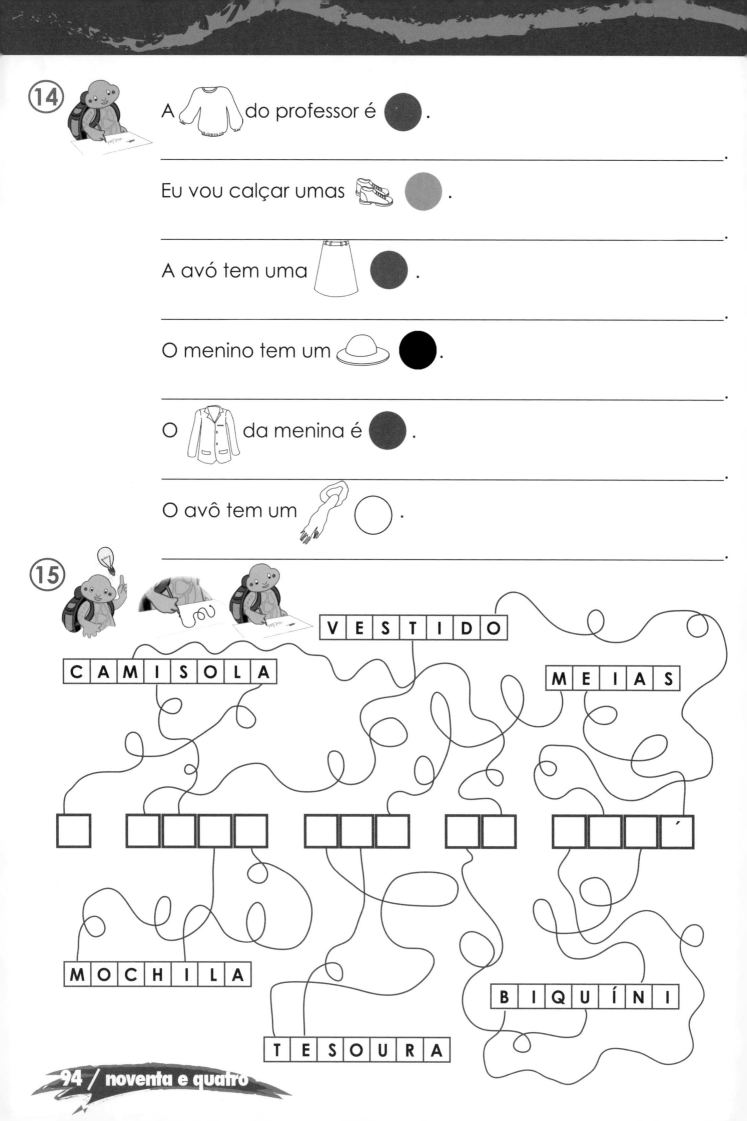

(14) A ⬡ do professor é ⬤.

_____ .

Eu vou calçar umas 👟 ⬤ .

_____ .

A avó tem uma 👗 ⬤ .

_____ .

O menino tem um 🎩 ⬤ .

_____ .

O 🧥 da menina é ⬤ .

_____ .

O avô tem um ✋ ◯ .

_____ .

(15)

VESTIDO

CAMISOLA

MEIAS

MOCHILA

BIQUÍNI

TESOURA

Joga com um amigo

A minha imagem

A imagem do meu amigo

Os teus sapatos são castanhos?

Não, não são.
Agora é a minha vez.

O ARMÁRIO MÁGICO DA LI

26

– Visto uma saia da minha mãe.
– Calço umas botas do teu avô.
– Fico tão bem!
– Que lindo estou com roupa velha!
– Quem a comprou?

Está no armário mágico da Li.
Os pais e os avós guardaram-na ali.

– Vê o chapéu que eu encontrei!
– Olha esta capa que eu descobri!
– Estou mascarada!
– Pareço um rei!
É bom brincar no sótão da Li.

Está no armário mágico da Li.
Os pais e os avós guardaram-na ali.

VAMOS RECORDAR

mágico

sótão

Estás a calçar as botas?

Estou.

Pareço um palhaço.

O que vais vestir amanhã?

Eu vou vestir uma camisola.

Eu vou calçar uns sapatos.

Eu visto.

Eu calço.

Os meninos brincam.

Está muito sujo.

o verão

o inverno

Fico tão bem!

Que lindo que eu estou!

Que menina tão bela!

Agora é a minha vez.

_____ _____ _____

_____ _____ _____

_____ _____ _____

_____ _____ _____

_____ _____ _____

27

o céu

a vela

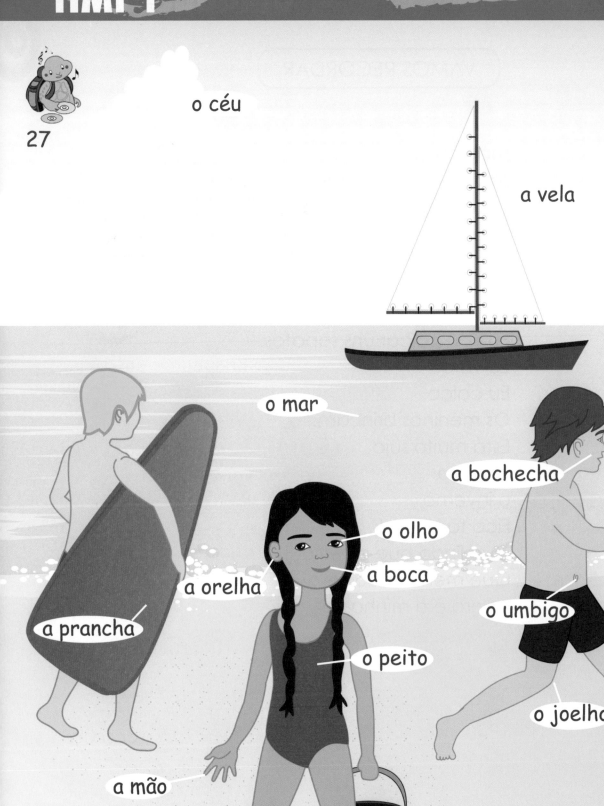

o mar

a cabeça

a bochecha

o nariz

o olho

a boca

a orelha

o braço

a prancha

o umbigo

o peito

o joelho

a mão

a areia

cabelo curto e loiro

o chapéu de sol

o cabelo

o ombro

a cara

cabelo comprido e ondulado

a barriga

o balde

a perna

cabelo castanho e liso

a pá   o pé

o pescoço

o cotovelo

1

A dança do umbigo

28

Os meninos estão a dançar no pátio da escola.

②

Eu danço com os meus _____.

Eu danço com os meus _____.

Onde estão os meninos a dançar?

Os meninos _____.

③

Quem quer dançar com os dedos?

◯ O Ben.

◯ A Li.

◯ A Carmen.

A Xana está a dançar...

◯ ... com os dedos no chão.

◯ ... com os braços ao lado da cabeça.

◯ ... com as mãos em cima da cabeça.

A Li salta...

◯ ... com a cabeça.

◯ ... com os pés.

◯ ... com os cotovelos.

A Timi gosta de dançar?

◯ Sim.

◯ Não.

④

| o nariz |
| a mão |
| a cabeça |
| a orelha |
| a boca |
| o cabelo |
| o pé |
| os olhos |
| o pescoço |
| o peito |
| o joelho |
| o umbigo |
| a perna |
| o braço |

⑤

o ombro

o pescoço

a perna

a cara

o umbigo

o peito

o joelho

o cotovelo

o braço

a barriga

6

Os meus amigos do jardim mágico

O meu amigo é

◯ alto   ◯ gordo

◯ baixo   ◯ magro

Tem cabelo

◯ comprido   ◯ ondulado

◯ curto   ◯ liso

O cabelo dele é

◯ loiro

◯ preto

◯ castanho

◯ _____

Os olhos são

◯ azuis

◯ castanhos

◯ verdes

◯ _____

O meu amigo é _____ e _____,

tem cabelo _____, _____ e

_____ e tem olhos _____.

A minha amiga é

◯ alta   ◯ gorda
◯ baixa   ◯ magra

Tem cabelo

◯ comprido   ◯ ondulado
◯ curto   ◯ liso

O cabelo dela é

◯ loiro
◯ preto
◯ castanho
◯ _____

Os olhos são

◯ azuis
◯ castanhos
◯ verdes
◯ _____

A minha amiga é _____ e _____,

tem cabelo _____, _____ e

_____ e tem olhos _____.

Eu sou alto e magro, tenho cabelos castanhos, curtos e lisos e olhos castanhos. Quem sou eu?

Eu sou alto e gordo, tenho cabelos castanhos, curtos e ondulados e olhos verdes. Quem sou eu?

Eu sou alta e gorda, tenho cabelos loiros, compridos e ondulados e olhos castanhos.
Quem sou eu?

Eu sou baixo e magro, tenho cabelos pretos, curtos e lisos e olhos azuis.
Quem sou eu?

Eu sou baixa e magra, tenho cabelos loiros, compridos e lisos e olhos azuis.
Quem sou eu?

(8)

Eu sou assim...

Eu sou

◯ alto / alta
◯ baixo / baixa

Tenho cabelo

◯ comprido
◯ curto

◯ ondulado
◯ liso

O meu cabelo é

◯ loiro
◯ preto
◯ castanho
◯ _____

Os meus olhos são

◯ azuis
◯ castanhos
◯ verdes
◯ _____

(9)

Agora Eu!

(10) Eu sou _____, tenho cabelo _____,

_____ e _____ e tenho olhos

_____.

11   o braço

o	os
a	as

 ____ nariz

 ____ orelhas

 ____ boca

 ____ pé

 ____ olhos

 ____ mão

12

O que é isto?

bi	um	go

_____

na	per

_____

be	ca	ça

_____

riz	na

_____

rri	ga	ba

_____

ca	bo

_____

be	lo	ca

_____

ço	bra

_____

⑬

A Xana está a brincar.

A Xana está a dormir.

A Xana está na escola.

A Xana está a vestir o pijama.

A Xana está a lavar os dentes.

A Xana está a tomar o pequeno-almoço.

⑭

O corpo

a boca

A XANA NA PRAIA

29

A Xana acordou pela manhã,
E abriu os seus lindos olhos azuis,
Esticou os braços e as pernas,
Levantou-se, foi lavar os dentes.

A Xana caminhou, pela manhã,
De mochila às costas e chapéu de sol.
Na praia encontrou muitos amigos,
Contentes e felizes a brincar.

– Brinco na praia, no mar e na areia,
Com o balde e a pá, a bola e a prancha.
Vejo no mar um barco à vela a navegar
E no céu uma gaivota a voar.

2x1=2
2x1=2
2x1=2

VAMOS RECORDAR

Os meninos estão a dançar.
o pátio
Eu danço.
Eu salto.
Onde estão os meninos a dançar?
alto / alta
baixo / baixa
gordo / gorda
magro / magra
Quem sou eu?
assim
isto

_____ _____ _____

_____ _____ _____

_____ _____ _____

_____ _____ _____

_____ _____ _____

o supermercado

o centro comercial

Centro Comercial

Escola

Super mercado

o cinema

Cinema

o banco

Banco

ua

o polícia

o cavalo

a mota

o parque

o restaurante

afé Restaurante

31

O Nélio vai visitar a família. O Igor vai com ele.

Apanham o avião...   ... depois o autocarro...   ... e chegam à aldeia do Nélio.

Em casa, os avós estão muito felizes.

Nos dias seguintes vão...

ao campo,   ao lago,   à montanha.

Duas semanas depois têm de voltar.

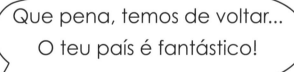

2

◯   ◯   ◯

3

Risca o que está errado:

Os avós estão muito felizes.

Os avós estão muito tristes.

4

Como vão o Nélio e o Igor para a aldeia do Nélio?

◯ Vão de comboio e de autocarro.

◯ Vão de avião e de carro.

◯ Vão de autocarro e a pé.

◯ Vão de avião e de autocarro.

5

Os meninos vão visitar o _____, o _____

e a _____.

 **6**

> Eu vou à montanha *de avião*.

Eu vou à ilha_____.

Ele vai à cidade _____.

Eu vou ao rio _____.

Tu vais ao campo _____.

Ela vai viajar _____.

Eu vou ao jardim_____.

de avião
de comboio
de barco
de carro
a pé
a cavalo

7

 ◯ O Nélio vai visitar a família.

◯ O Nélio está a brincar no jardim.

 ◯ O Nélio está a beber água.

8

Lista de Compras

- comprar sapatos pretos
- comprar um xarope para o Nélio
- comprar um livro de pintar
- comprar bananas, leite, cenouras e bolachas
- comprar peixe para o jantar

9

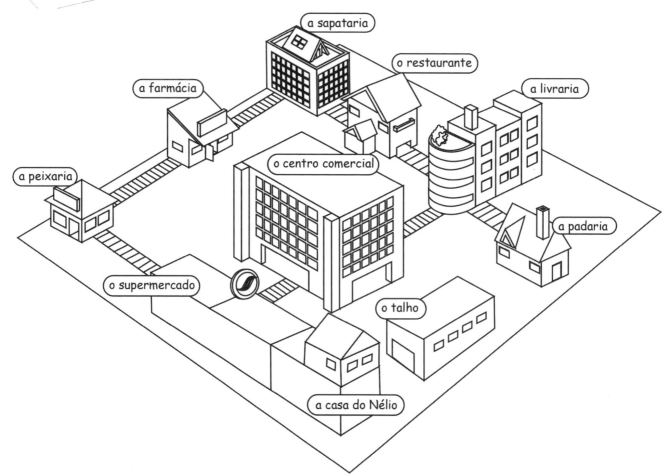

O pai do Nélio vai comprar o livro na _____, os sapatos na _____, o xarope na _____, o peixe na _____ e as bananas, o leite, as cenouras e as bolachas no _____ e volta para casa.

⑩

eu compro
tu compras
ele compra / ela compra

Eu *compro um gelado*.

Eu _____ um livro.

Tu _____ uma _____ .

Ele _____ .

Tu _____ .

Ela _____ .

Eu _____ .

caderno
guitarra
caneta
boné
jornal
gelado
tambor
bola
mochila
iogurte

⑪

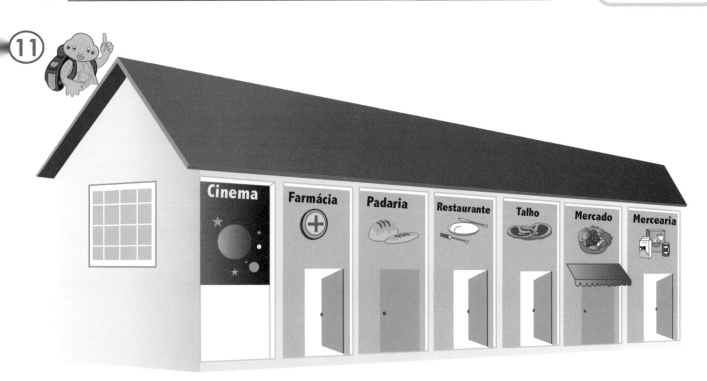

Onde fica a farmácia?

Ao lado do cinema. / Entre o cinema e a padaria.

Está aberto/a. / Está fechado/a.

Quantos?

Quantos pacotes de leite?
Três pacotes de leite.

A Teresa vai ao supermercado e compra...

... quantas bananas? _____.

... quantos lápis? _____.

... quantas laranjas? _____.

... quantos ovos? _____.

... quantos queijos? _____.

... quantas alfaces? _____.

... quantas cenouras? _____.

... quantos iogurtes? _____.

... quantos pacotes _____.
de leite?

(13) Onde se compra?

calções	sandálias	flor
bolo	peixe	botas
sapatos	jornal	livro
casaco	carne	pão
camisola	salsicha	ténis

(14)  O que se compra na papelaria?

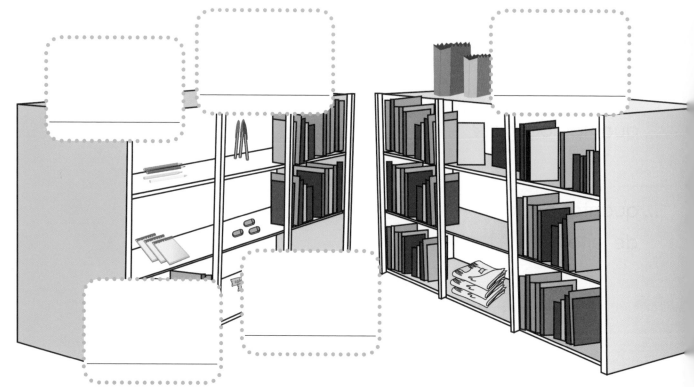

O que vou comprar?

O Ben vai ao supermercado...

O Ben vai ao supermercado e compra nove iogurtes, cinco bananas, duas borrachas, três laranjas, seis ovos, oito salsichas, quatro meias, dois gelados, dez lápis de cor, um carro azul e verde e uma bola com sete cores.

(17)

a florista

○ sapatos	○ flores
○ fruta	○ leite

o pronto-a-vestir

○ calções	○ salsichas
○ pudim	○ vestidos

a mercearia

○ manteiga	○ massa
○ batatas fritas	○ cachecol

o talho

○ bolo	○ carne
○ peixe	○ fruta

a sapataria

○ botas	○ bonés
○ iogurtes	○ sandálias

a padaria

○ cadernos	○ canetas
○ pão	○ bolos

AS FÉRIAS DO IGOR E DO NÉLIO

32

O Igor e o Nélio vão passar férias juntos.
Apanham o avião, depois o autocarro
E chegam à cidade dos avós do Nélio.

Os avós e os primos estão muito felizes.
Estavam todos com muitas saudades do Nélio!

No dia seguinte, vão ao lago e à montanha.
Têm duas semanas p'ra se divertirem.
Depois têm de voltar p'ra casa:
– Oh, que pena!

O país do Nélio é mesmo fantástico!

2x1=2
2x1=2
2x1=2

VAMOS RECORDAR

as férias

visitar

Eles apanham o avião.

Eles chegam.

os primos

felizes

Temos muitas saudades tuas.

Nos dias seguintes vão à montanha.

Que pena, temos de voltar...

O teu país é fantástico.

Também acho.

Tu estás aí escondida.

tristes

a pé

o comboio

o barco

a ilha

o xarope

eu compro / tu compras / ele compra / ela compra

o talho / a padaria / a peixaria / o pronto-a-vestir /
a mercearia / a florista

Onde fica?

entre

Está aberto/a. / Está fechado/a.

o pacote

Onde se compra?

O que se compra?

_____ _____ _____

_____ _____ _____

_____ _____ _____

_____ _____ _____

_____ _____ _____

A banana da Xana

Os meninos vão de comboio visitar uma reserva natural.

Os meninos vão até ao lago e olham para os animais.

São horas de voltar para a escola...

2

Como vão os meninos para a reserva natural?

Os meninos _____.

Onde estão os sapos, os pássaros, os peixes, as cobras e as tartarugas?

Eles _____.

3

| estão | | da Timi | | no lago. | | As primas |

_____

4

O que faz o macaco?

◯ O macaco trepa à árvore.

◯ O macaco salta muito alto.

◯ O macaco come a banana da Xana.

◯ O macaco nada no lago.

5

O macaco come a banana da Xana. ◯

Os meninos vão de comboio a uma reserva natural. ◯

Os meninos voltam para a escola. ◯

6

O que é?

É um gato.

_____.

_____.

_____.

_____.

_____.

_____.

_____.

_____.

7

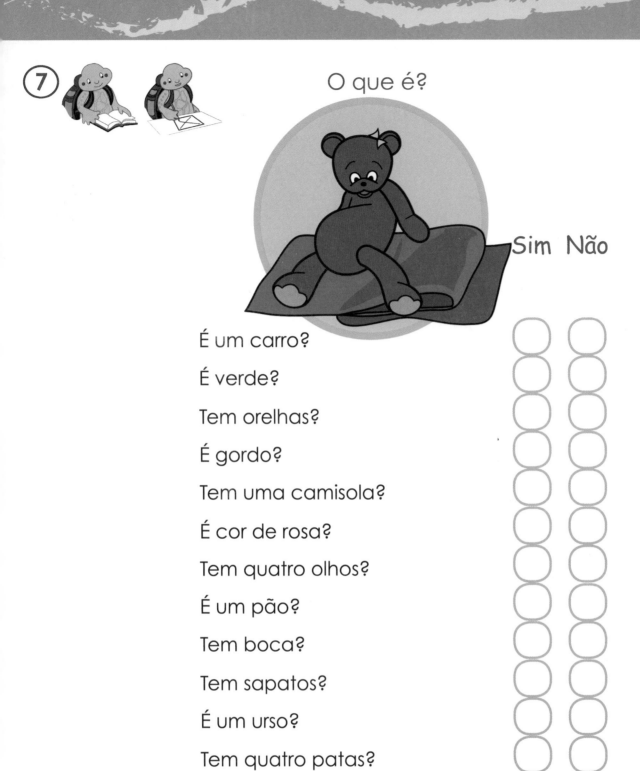

O que é?

Sim Não

É um carro?

É verde?

Tem orelhas?

É gordo?

Tem uma camisola?

É cor de rosa?

Tem quatro olhos?

É um pão?

Tem boca?

Tem sapatos?

É um urso?

Tem quatro patas?

É alto e magro?

Tem patas pretas?

Tem nariz grande?

Tem olhos azuis?

Tem barbatanas?

Tem olhos verdes?

Tu também tens um?

⑧ Quantos são?

Quatro sapos.

_____.

_____.

_____.

_____.

_____.

O que é?

Tem duas asas, penas, canta e voa.

É o _____.

Tem quatro patas, pelo curto, rabo encaracolado, um focinho comprido e vive no campo.

É o _____.

Não tem patas, é comprida e anda no chão.

É a _____.

Tem duas asas, penas, não voa e põe ovos.

É a _____.

Tem barbatanas, escamas e nada no rio.

É o _____.

Tem quatro patas, uma carapaça, é lenta e vive no mar ou na terra.

É a _____.

Tem quatro patas, pelo, orelhas compridas e é rápido.

É o _____.

Tem quatro patas, dois cornos, dá leite e vive no campo.

É a _____.

Tem quatro patas, pelo, um pescoço comprido, é amarela e castanha e come folhas.

É a _____.

O meu animal preferido

11

O meu animal preferido tem _____

_____

_____

_____

_____

_____

_____

as patas

a cauda

os olhos

as orelhas

grande

pequeno

comprido

curto

O quê???

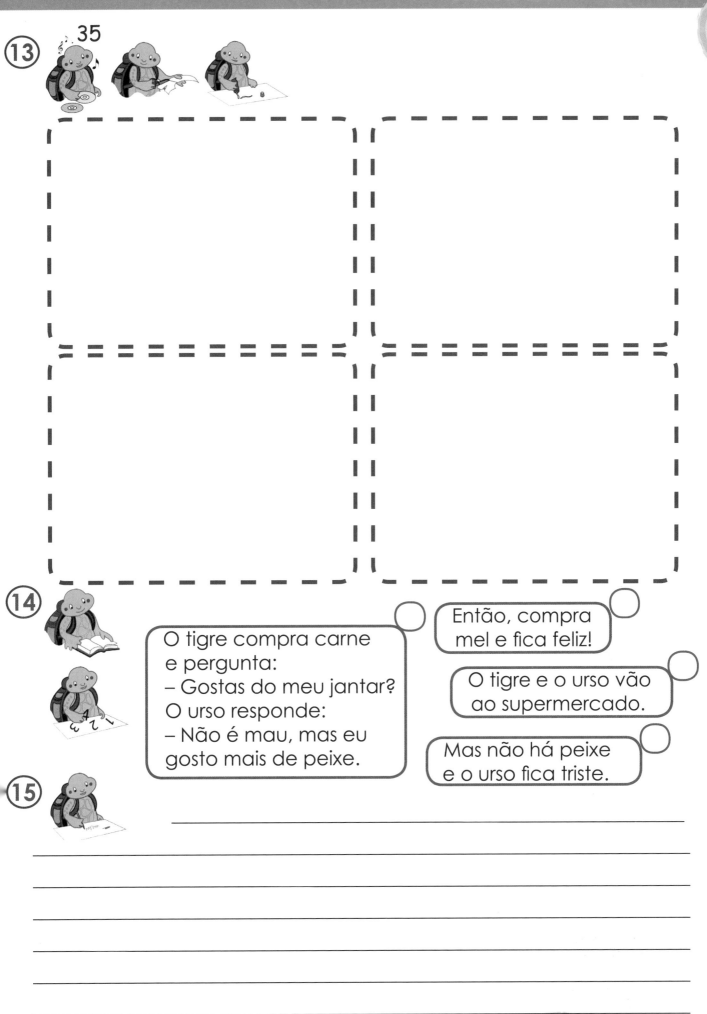

(13) 35

(14)

O tigre compra carne
e pergunta:
– Gostas do meu jantar?
O urso responde:
– Não é mau, mas eu
gosto mais de peixe.

Então, compra
mel e fica feliz!

O tigre e o urso vão
ao supermercado.

Mas não há peixe
e o urso fica triste.

(15)

16

	trepa	anda	voa	nada
O cão				
O pássaro				
O papagaio				
O peixe				
A tartaruga				
O elefante				
O macaco				
O leão				
O pato				

E tu? Eu _____.

17

O que é?

É um _____ (suor).

É uma _____ (rabco).

É uma _____ (avca).

É um _____ (ropoc).

É uma _____ (faraig).

É um _____ (roat).

É um _____ (valaco).

É um _____ (butarão).

⑱

O que é?

4 → livro → lápis → 6 → cobra → janela → flores → 9 → cadeira → girafa → flores → 4 → colher → pão → 2 → peixe → botas → 8 → carro → banana → régua → 8 → avião → 1 → camisola → guitarra → janela

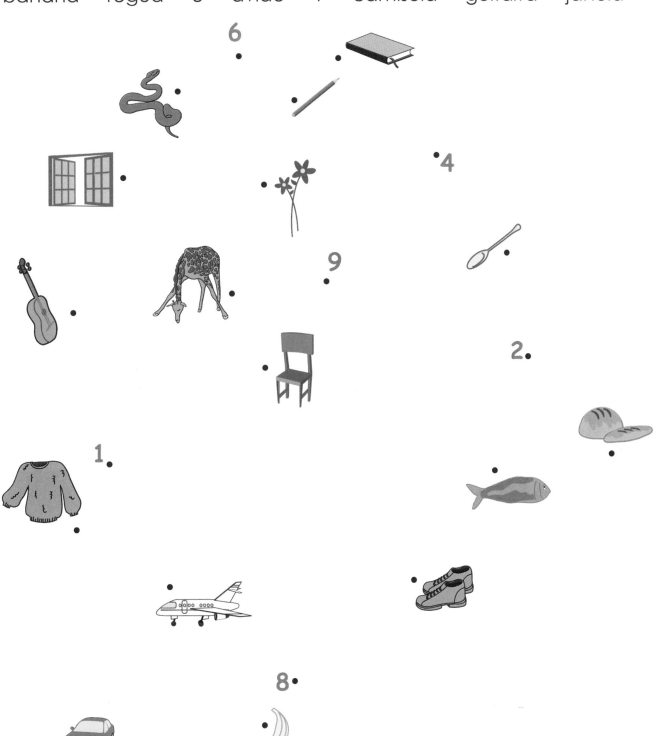

 É um _____ .

A FESTA DOS ANIMAIS NA FLORESTA

36

O porco, o peixe, o gato, o pato, o cão e
o rato,
O urso, a vaca, o lobo, o tigre e o sapo.

O burro, o tubarão, a girafa e a cobra,
O leão, o papagaio e a tartaruga.

O macaco, o cavalo e o elefante,
A galinha, o coelho e o passarinho.

Tantos animais existem aqui na floresta,
Nadam, voam, trepam, zurram, uivam,
cacarejam.

Cantam, ladram, grasnam, rosnam e
dormem a sesta,
Com tantos ruídos até parece uma festa!

2x1=2
2x1=2
2x1=2

VAMOS RECORDAR

eles vão / elas vão
a reserva natural
a viagem
engraçada
já
cansada
finalmente
Olha ali um macaco!
Cuidado!
Aqui tens outra!
os animais
sempre
divertido
Querem voltar cá outra vez?
O quê?
vive
anda
voa
põe
lenta
rápido
as folhas
o mel

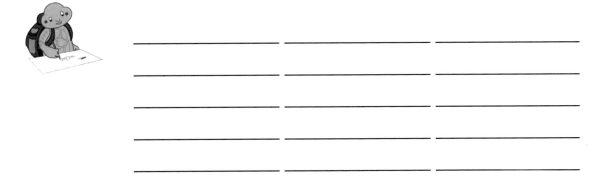

CD

Anexos

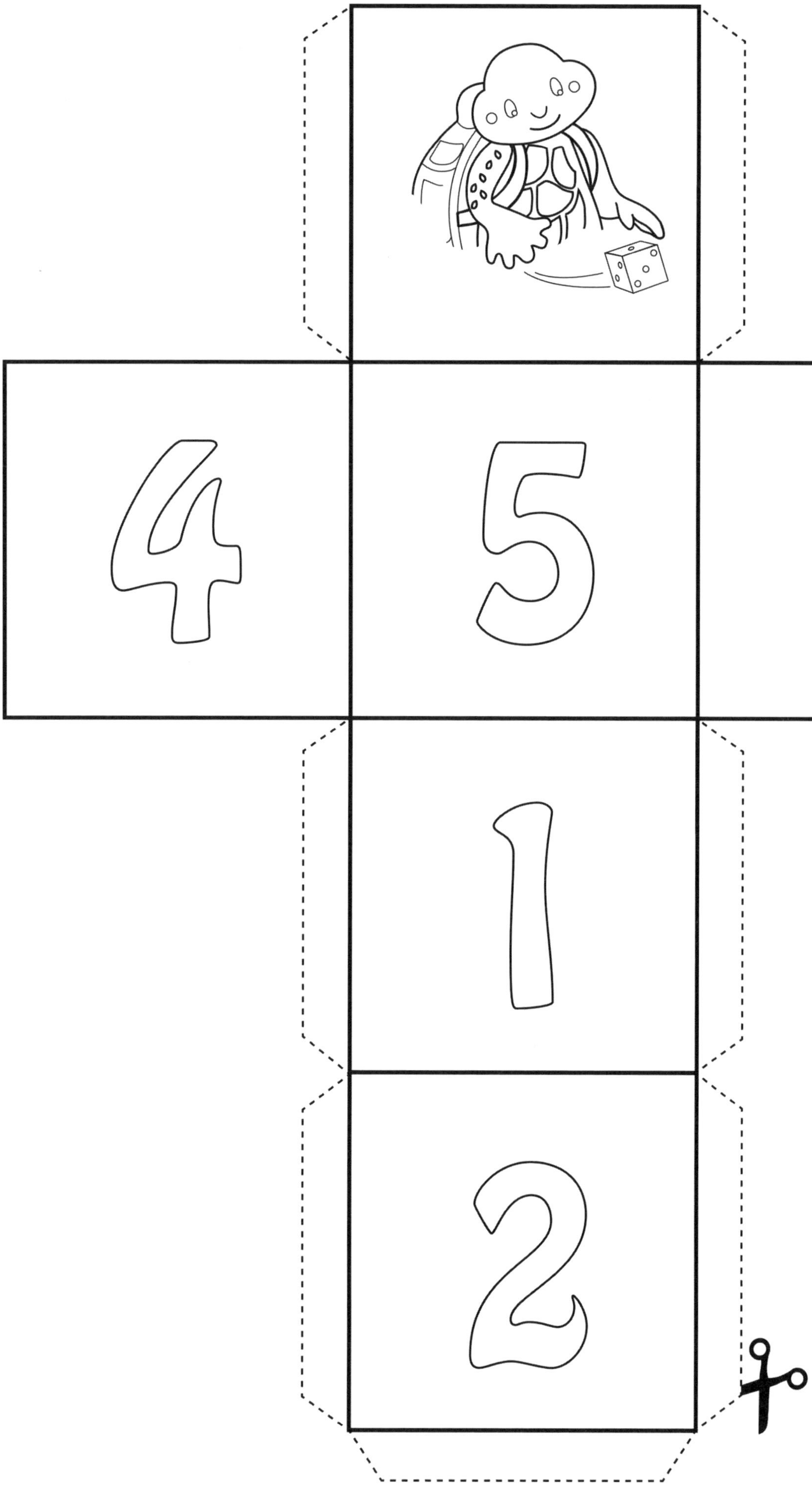

4
5
3
1
2

BINGO